BRASS IN COLOR.

Serie de método para principiantes

TROMPETA

LIBRO PRIMERO

De Sean Burdette

Traducido por
Mark Fitzsimmons

Ilustrado por
David Orr, BLUE ASTER STUDIO
Bloomington, IN, USA

ISBN 13: 978-1-7320252-4-0
Derechos de autor © 2018 BRASS IN COLOR, LLC, USA
Todos los derechos reservados.

Cualquier duplicación, adaptación o disposición de las composiciones, diseño de tablaturas e ilustraciones contenidas en esta colección y serie requiere el consentimiento por escrito de la editorial. Los usos no autorizados son una infracción de la Ley de Derechos de Autor de los Estados Unidos y son punibles por la ley.

Introducción

¡Bienvenido a Viento en colores (Brass in Color)!

El primer libro de trompeta de la serie de método para principiantes Viento en colores (Instrumentos de viento metal) introduce al estudiante a un método de tablatura codificada por colores (Digitación en colores) para ayudar al estudiante a aprender la digitación de la trompeta y aplicarla a las notas musicales en el Rango medio.

En esta serie de método para principiantes, el estudiante aprende el tono de la nota escuchando al instructor, y usando la Digitación en colores el estudiante podrá fácilmente asociar el tono con la digitación correspondiente.

La notación musical estándar también está incluida en cada lección para ayudar al instructor a tocar la música y para ayudar al estudiante a aprender cómo leer las notas que corresponden con la digitación de la trompeta. Los signos de respiro, articulaciones, el matiz dinámico, y el tempo no están indicados en las lecciones, y el instructor puede agregarlos según su criterio. Además, la firma clave no se incorpora para que el estudiante se familiarice con la lectura de las notas en asociación con la Digitación en colores.

Hay tres secciones principales en Viento en colores. La primera sección se trata de las **Lecciones**, que introducen la nuevas digitación, nuevas notas, y conceptos musicales. La segunda sección se trata de los **Ejercicios de técnica** que consisten en ejercicios de dos compases para ayudar al estudiante a practicar y repasar el material. La tercera sección se trata de las **Canciones** que le dan al estudiante la oportunidad de tocar melodías más largas.

Esta serie de método de trompeta para principiantes también tiene un sitio web que la acompaña:

BRASS IN COLOR (www.brassincolor.com)

En el sitio web, se pueden encontrar grabaciones para cada lección, así como actividades adicionales, videos, y otros recursos más para ayudar al estudiante a aprender a tocar la trompeta.

Índice

El método de Viento en colores 4

Para comenzar 6

Actividad: Las partes de la trompeta 10

Actividad: Aprender la digitación de la trompeta 11

Lección 1ª 12

Lección 2ª 14

Lección 3ª 16

Ejercicios de técnica 1 18

Lección 4ª 20

Ejercicios de técnica 2 22

Grupo 1º de canciones 24

Lección 5ª 26

Lección 6ª 28

Ejercicios de técnica 3 30

Lección 7ª 32

Ejercicios de técnica 4 34

Grupo 2º de canciones 36

Grupo 3º de canciones 38

Ejercicios en do (C) bajo 40

Definiciones y símbolos musicales 44

Tabla de digitación 45

Viento en colores

La digitación para el Rango medio

El marco fundamental de la serie de método para principiantes Viento en colores comienza con las notas del Rango medio. El Rango medio comienza con sol (**G**), anotado en la segunda línea del pentagrama. Las demás notas del Rango medio se presentan en orden cromático descendente terminando con las notas re bemol/do sostenido (**D♭/C♯**) anotada debajo del pentagrama. (El Rango medio es un concepto del método de Viento en colores.)

El diagrama a la derecha muestra la digitación de la mano derecha que se usa para apretar los pulsadores de pistón en la trompeta. Las siete configuraciones distintas de digitación se muestran abajo en el diagrama. Las diferentes combinaciones de digitación producen distintas notas en la trompeta. La Digitación en colores (tablatura codificada por colores) y la notación se muestran sobre las combinaciones de pulsadores del Rango medio.

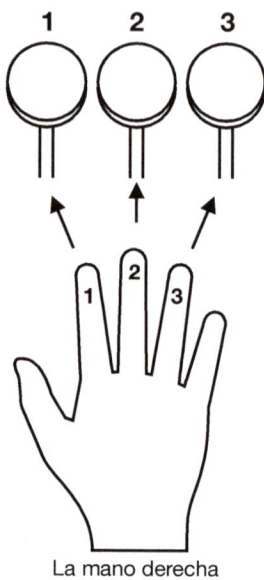

La mano derecha

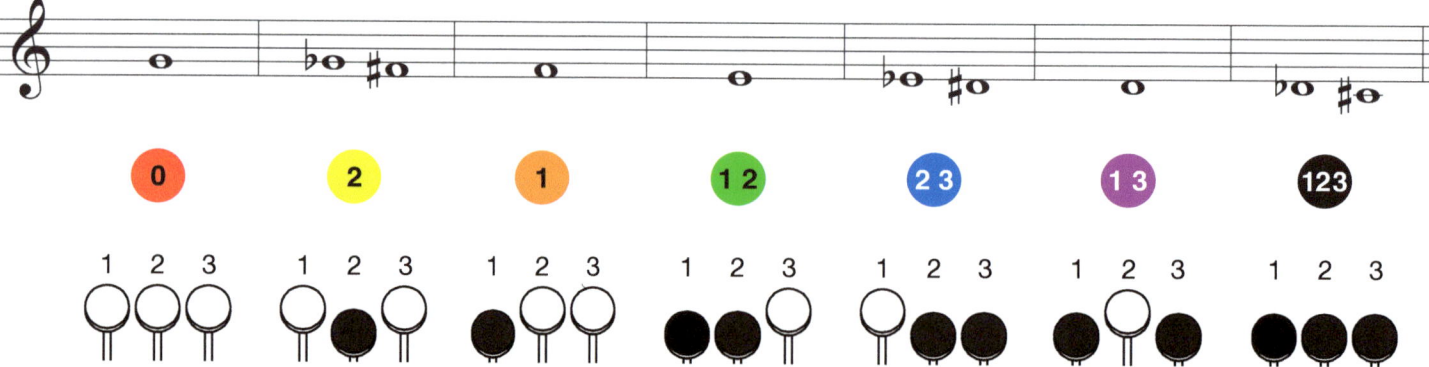

El ritmo

En el diagrama abajo hay cuatro cuadros, y cada cuadro representa 1 pulso del compás. Los cuatro cuadros juntos representan una marca de tiempo de 4/4. Los cuadros enumerados (de 1 a 4) distinguen los compases y sus pulsos correspondientes, y cada pulso corresponde con la Digitación en colores. Según la Digitación en colores, el círculo colorado representa 1 pulso, y un círculo conectado con una línea representa 2 o más pulsos. De esta manera, la Digitación en colores proporciona una representación visual para mostrar la extensión de las notas durante 1 o más pulsos seguidos.

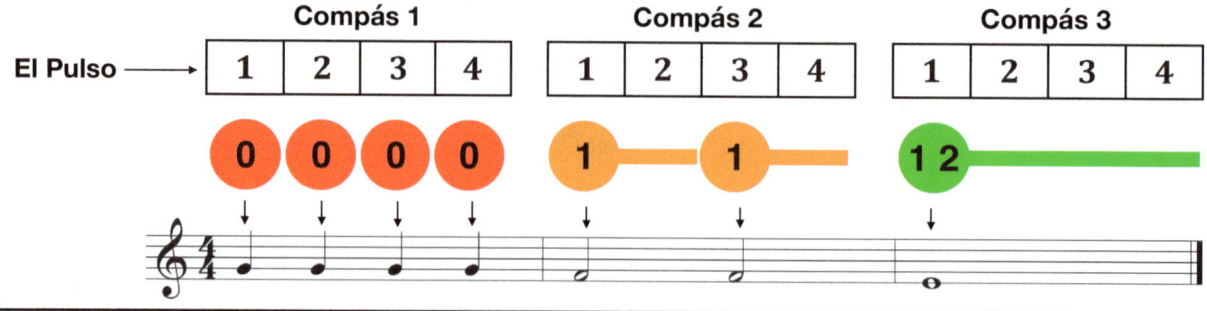

Brass in Color

Viento en colores

Escuchar y tocar

La sección Escuchar y tocar muestra la Digitación en colores para todas las lecciones, los ejercicios de técnica, y las canciones en este libro. En la sección Escuchar y tocar, el instructor primero toca el ejercicio y el estudiante lo escucha, o el estudiante puede usar la grabación disponible en el sitio web www.brassincolor.com. Después, el estudiante utiliza la Digitación en colores para apretar los pulsadores correctos en la trompeta en orden para tocar el tono de la nota e imitar el tono del instructor.

Leer y tocar

La sección Leer y tocar le indica al instructor la música para tocar mientras se emplea la sección Escuchar y tocar. La sección Leer y tocar también se usa para enseñarle al estudiante la notación estándar de musical. Se puede saltar la sección Leer y tocar hasta que el estudiante consiga la calidad de tono y la técnica básica que debe desarrollar en la sección Escuchar y tocar.

Lista de verificación para la lección primera

- ☑ Presentar lo básico de tocar la trompeta: la postura correcta, la posición de la trompeta en las manos, la producción de sonido en la trompeta.
- ☑ Enseñarle al estudiante las partes de la trompeta.
- ☑ El estudiante debe demostrar las combinaciones de pulsadores sin tocar (Ejemplo: Apretar pulsadores 1 y 2 o mostrar pulsadores 1 y 3).
- ☑ Practicar tocando un tono largo usando sólo el tudel para aprender cómo producir un sonido en la trompeta.
- ☑ Dejar que el estudiante toque una nota sin pulsadores apretados, lo que debe de producir o el sol (**G**) o el do (**C**). Si el estudiante toca el do (**C**) más fácilmente, debe comenzar en la página 40 con los **Ejercicios en do (C) bajo**. Si el estudiante toca el sol (**G**) más fácilmente, debe comenzar en la página 12 con la **Lección 1ª**.

Para comenzar

Preparándose para tocar

1) Poner la funda de la trompeta en el suelo o en una mesa para que no se caiga. Abrir la funda con cuidado. Asegurarse de que la funda no se coloque sobre la parte superior y se abra del revés.

2) Sacar la trompeta de la funda con cuidado y sujetarla en la mano derecha.

3) Sacar la boquilla de la funda y colocar la boquilla delicadamente en el tudel. No se deben apretar los pulsadores ni girar la boquilla mientras se coloca la boquilla en el tudel.

La posición del instrumento

En las imágenes abajo se muestra la mejor manera de sujetar la trompeta mientras se toca.

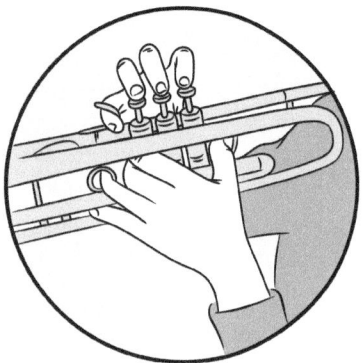
La mano izquierda

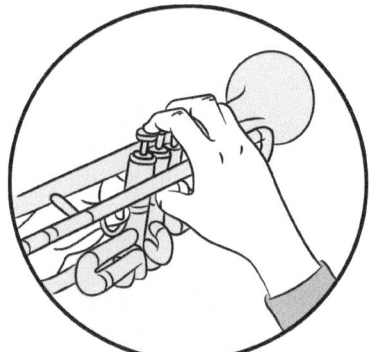
La mano derecha

La postura y cómo sentarse

Primero, hay que estar sentado con la espalda recta y no inclinada hacia el respaldo. Segundo, los pies deben estar firmemente posados en el suelo. Tercero, se debe mantener la postura sin inclinarse hacia delante.

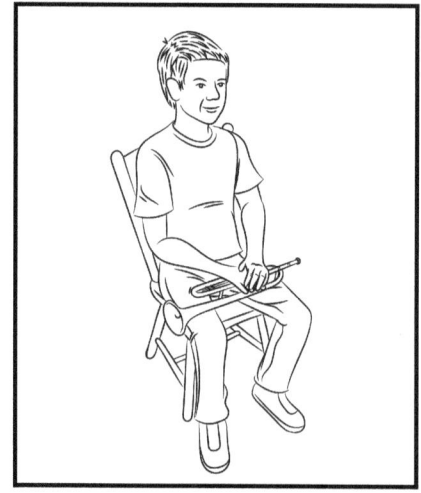

Para comenzar

Practicar la respiración

Respirar correctamente nos ayuda a producir un sonido en la trompeta, y se deben seguir dos pasos para respirar bien: 1) inhalar el aire hacia dentro y 2) soplar el aire hacia fuera.

Se puede practicar los dos pasos una vez sentado en el asiento. Se puede comenzar inhalando aire profunda y relajadamente. Se hace de la misma manera que cuando una persona bosteza si tiene sueño.

Ahora, se puede practicar soplando; el aire debe escaparse rápido. Se debe estar relajado sin forzar el aire, como cuando se suspira. Después de practicarlo algunas veces, se puede dejar salir el aire pronunciando la sílaba "tu" sin hacer sonar la voz.

Producir un sonido en la trompeta

Para tocar la trompeta, hay que producir un sonido como un zumbido con los labios. Se puede comenzar diciendo la letra "M." Mientras se pronuncia la letra "M," se mantienen los labios cerrados. Así se mantiene la boca tocando la trompeta.

Después, hay que respirar fuerte y decir la letra "M." Se mantienen los labios cerrados. Entonces hay que soplar el aire por entre los labios. Se producirá un zumbido mientras los labios vibran juntos. Esto produce el sonido en la trompeta.

Se puede practicar el zumbido de los labios usando la boquilla de la trompeta. De esta manera se puede escuchar el zumbido producido soplando por entre los labios.

(Es posible que su instructor use la palabra "embocadura" o "embouchure" mientras le muestra cómo poner los labios para tocar la trompeta, o sea, cómo embocar bien. La palabra "embouchure" se refiere a la forma que deben tener los labios para producir el zumbido en la trompeta).

Para comenzar

Las partes de la trompeta

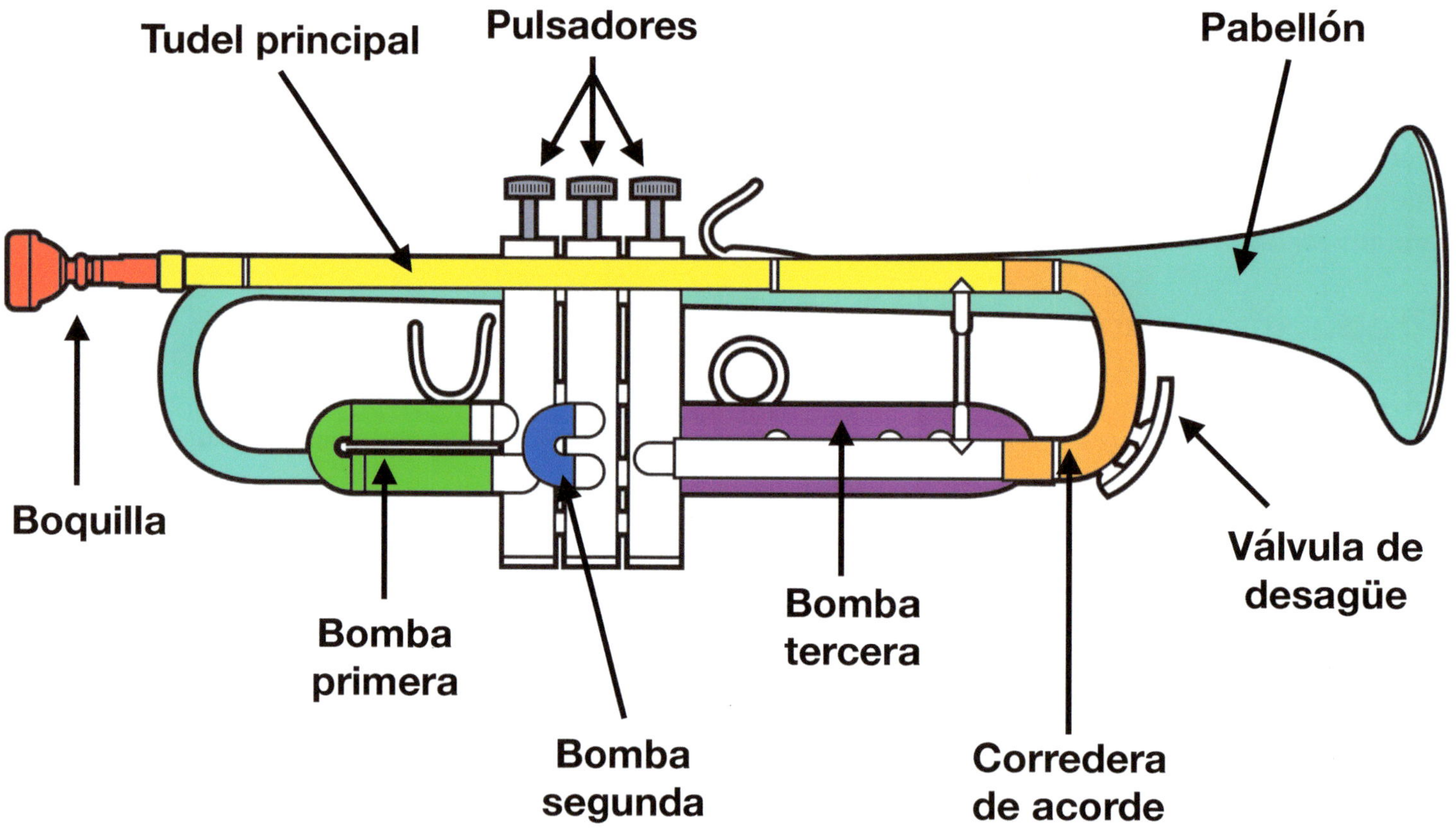

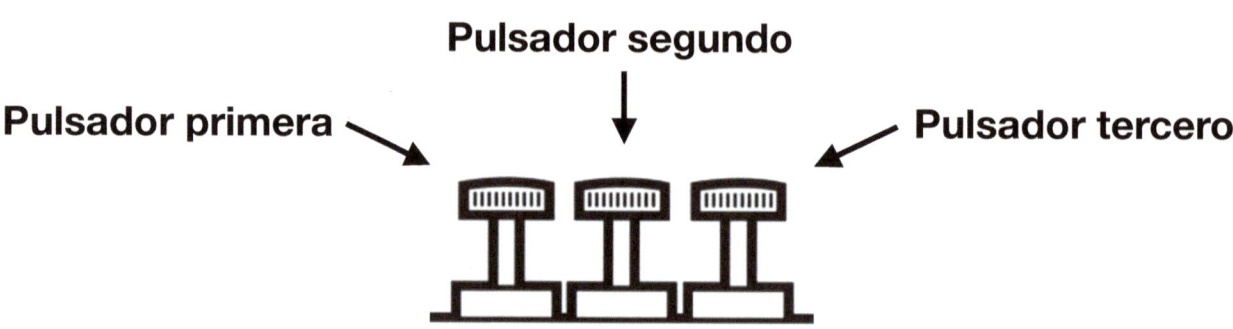

El pulsador primero (**1**) está cerca de la boquilla y está conectado a la bomba primera. El pulsador segundo (**2**) está en el centro y está conectado a la bomba segunda. El pulsador tercero (**3**) está cerca del pabellón y está conectado a la bomba tercera.

Para comenzar

Las partes de la trompeta

La **boquilla** se usa para producir un sonido en la trompeta. Se produce un sonido haciendo un zumbido con los labios en la boquilla.

El **tudel principal** es un tubo recto que conecta la boquilla con la corredera de acorde.

El **pabellón** proyecta el sonido de la trompeta.

La **corredera de acorde** se usa para mantener afinada la trompeta. En la corredera de acorde cerca del pabellón está la **válvula de desagüe**. Cuando se toca la trompeta durante mucho tiempo, se puede acumular agua dentro. La válvula de desagüe le permite vaciar el agua acumulada en la trompeta.

La **bomba primera** mantiene afinado el pistón primero. Se mueve esta bomba solamente para corregir las notas del pistón primero si no están afinadas.

La **bomba segunda** mantiene afinado el pistón segundo. Se mueve muy raramente.

La **bomba tercera** mantiene afinado el pistón tercero. Se mueve esta bomba solamente para corregir las notas del pistón tercero si no están afinadas. A veces la bomba tercera tiene una válvula de desagüe.

Hay tres (3) **pulsadores** en la trompeta, y hay siete (7) combinaciones diferentes de digitación que se usan para tocar notas distintas en la trompeta.

¿Sabías que?

Si se desenredara toda la tubería de la trompeta en una línea recta, mediría aproximadamente 5 pies de distancia.

Actividad

Identificar las partes de la trompeta

Identifique las partes de la trompeta. Escriba en las cajas la letra correspondiente a cada parte del instrumento.

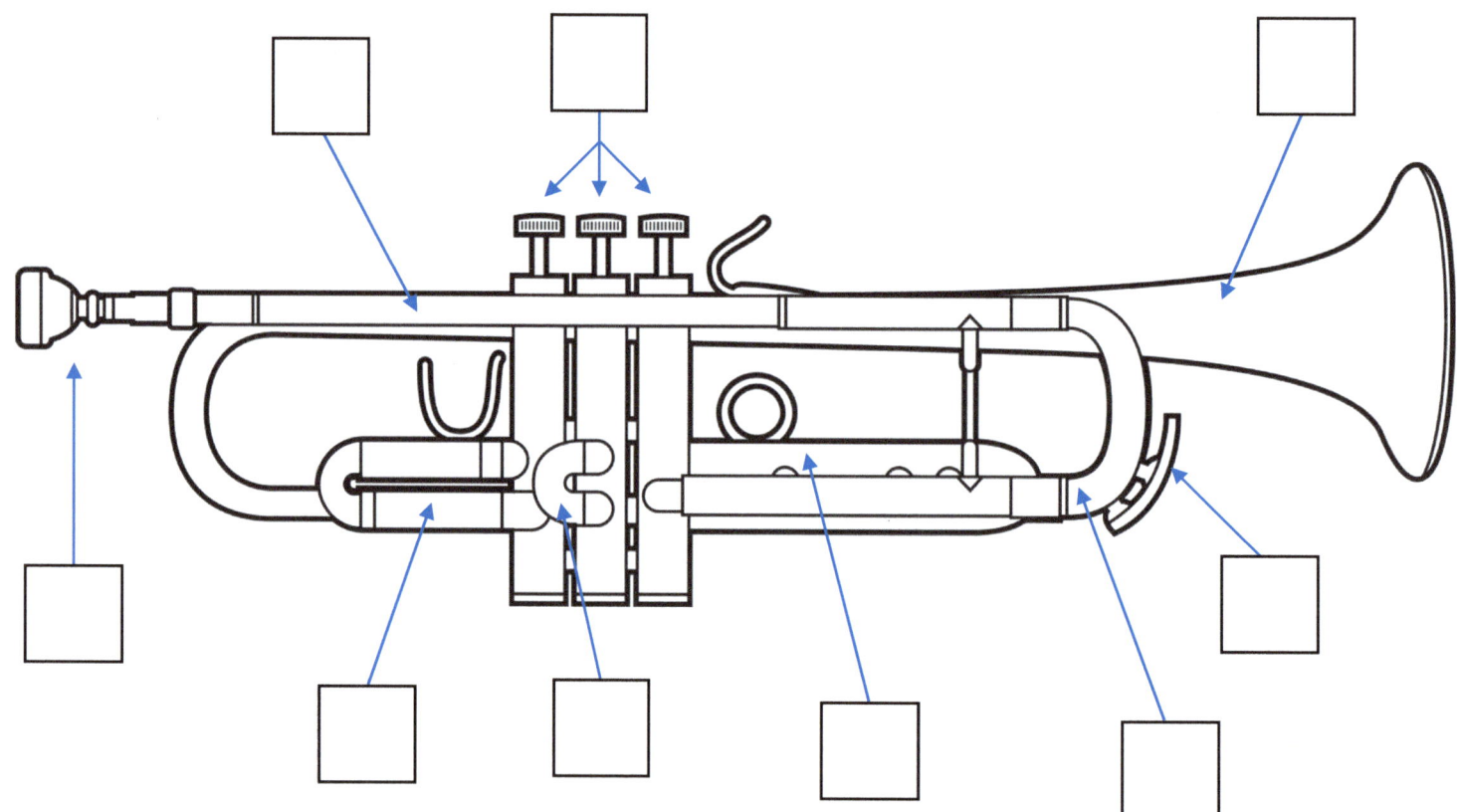

A - Pabellón
B - Bomba primera
C - Pulsadores
D - Tudel principal
E - Bomba segunda
F - Corredera de acorde
G - Boquilla
H - Bomba tercera
I - Válvula de desagüe

Aprender la digitación de la trompeta

1) Dibujar un círculo alrededor del nombre de los pulsadores apretados (los sombreados).
2) Escribir el número de cada pulsador apretado (**1**, **2**, o **3**). Si no hay ninguno apretado, se puede escribir el número **0**.
3) Colorear los círculos de acuerdo con el esquema abajo. Eso es la Digitación en colores.

0 = Rojo   **23** = Azul
2 = Amarillo   **13** = Morado
1 = Anaranjado   **123** = Negro
12 = Verde

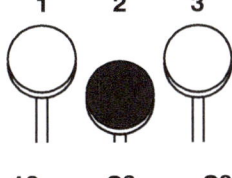

Ninguno

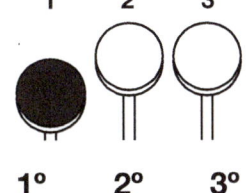

Ninguno

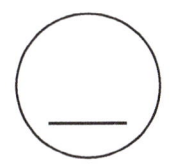

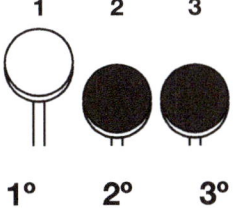

Ninguno

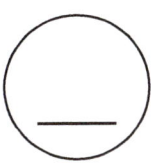

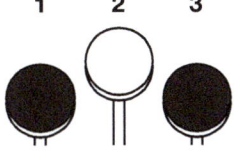

Ninguno

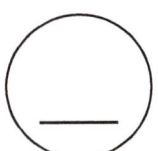

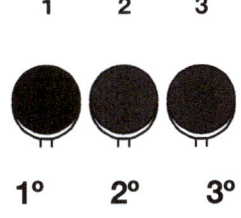

Ninguno

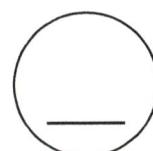

Brass in Color

Lección 1ª

INSTRUCTOR: Si el estudiante toca el do (**C**) bajo más fácilmente que el sol (**G**), se puede comenzar en la página 40 con los **Ejercicios en do (C) bajo**.

La digitación abierta

Para formar esta digitación, no se aprieta ningún pulsador. Esto se llama la digitación abierta. Cuando no está apretado ningún pulsador, se usa el número **0** con un círculo rojo para la Digitación en colores.

Escuchar y tocar

Escuche los siguientes ejercicios. Use la Digitación en colores para tocar lo que escucha.

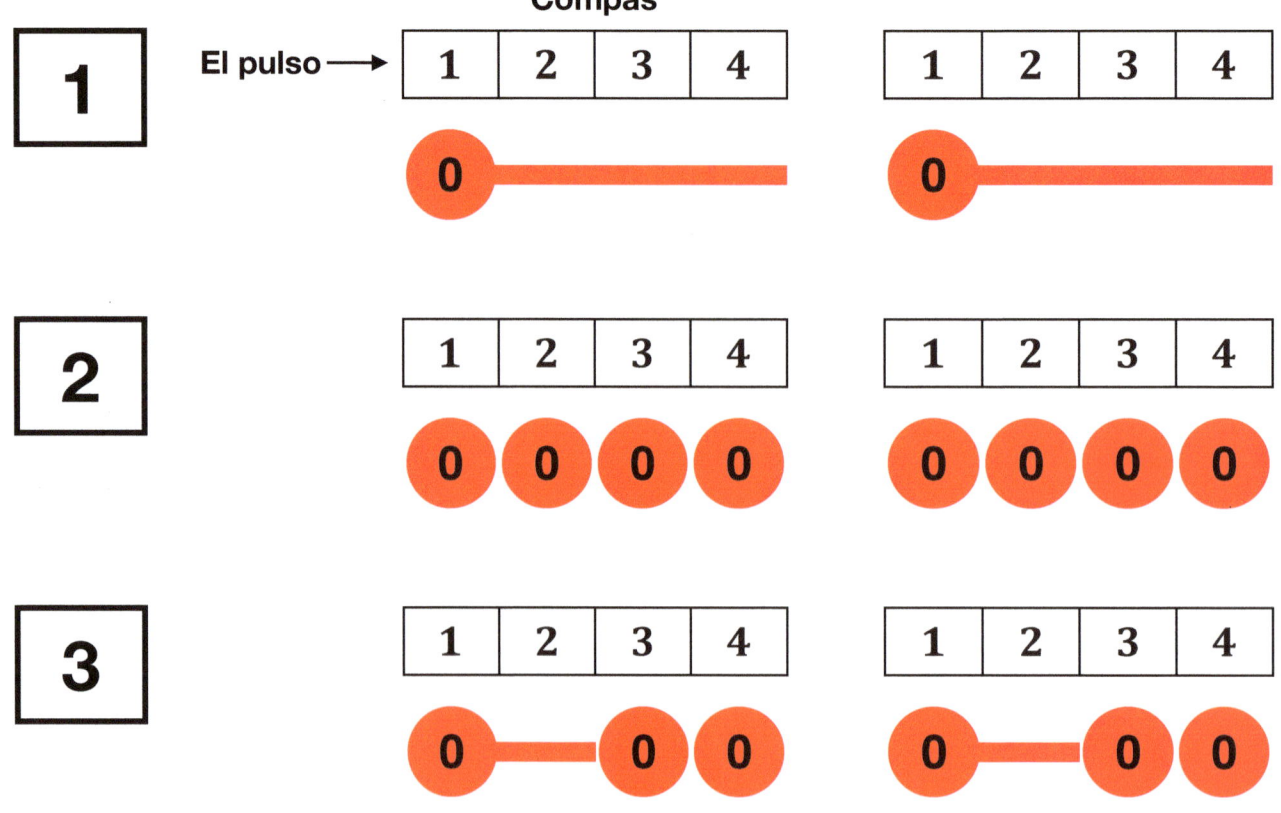

Lección 1ª

El ritmo y la marca de tiempo

Dos factores que determinan la estructura de la música son el **pulso** (que mantiene consistente el ritmo en la música) y el **tempo** (la velocidad del pulso). Las extensiones diferentes de las notas en relación con el pulso de la música se llama el **ritmo**.

La **marca de tiempo** indica cuántos pulsos se agrupan en cada compás y qué pulso va con el ritmo.

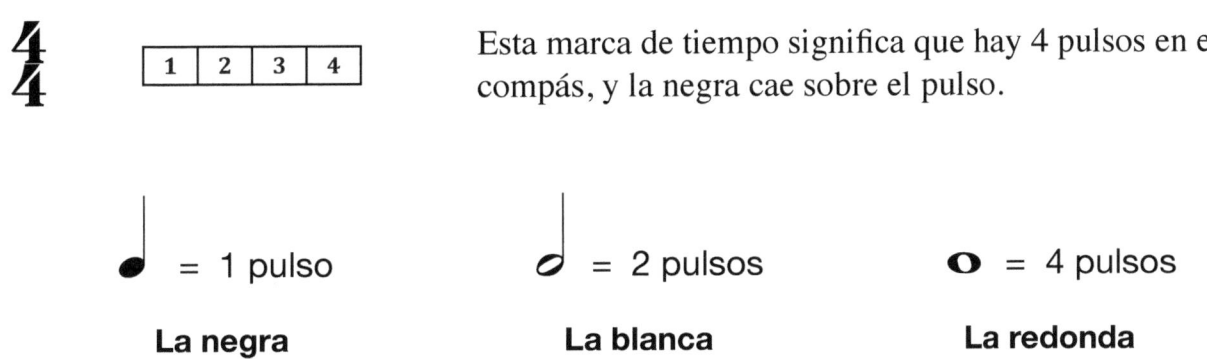

Leer y tocar

Toque los siguientes ejercicios leyendo la notación musical.

Lección 2ª

El pulsador segundo 2

Para formar esta digitación, se aprieta el pulsador segundo. Por apretar el pulsador segundo se produce un semitono más bajo que el tono de la digitación abierta. Para formar esta digitación se usa **2** con un círculo amarillo.

Escuchar y tocar

Escuche los siguientes ejercicios. Use la Digitación en colores para tocar lo que escucha.

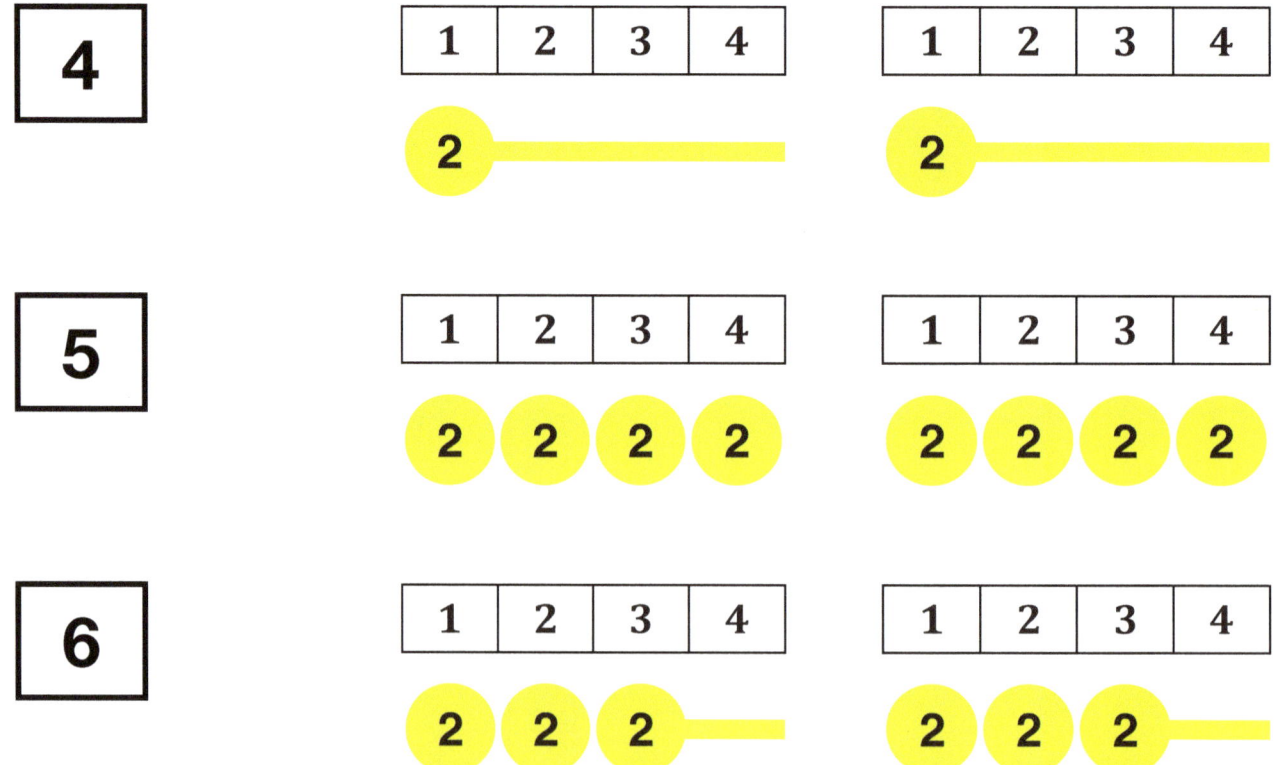

Lección 2ª

El bemol y el sostenido

Este es el signo **bemol** (♭) y este es el signo **sostenido** (♯) en la notación musical. El (♭) indica que hay que bajar un semitono, y el (♯) indica que hay que subir un semitono. El diagrama a la derecha muestra lo que pasa cuando se añade un signo sostenido o bemol a una nota.

Sol bemol (**G♭**) y fa sostenido (**F♯**) se escuchan igual, pero se escriben de una manera diferente, porque el tono de sol bemol (**G♭**) y fa sostenido (**F♯**) es un semitono entre sol (**G**) y fa (**F**).

Cuando se habla de la palabra **tono**, se refiere a lo alto o lo bajo que se escucha una nota.

Leer y tocar

Toque los siguientes ejercicios leyendo la notación musical.

 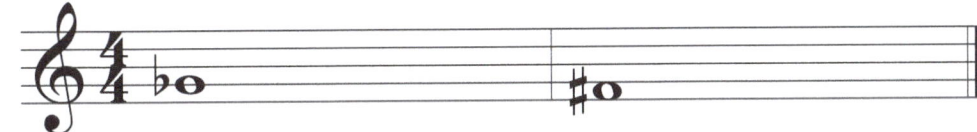

 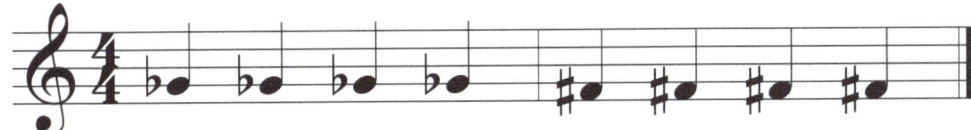

 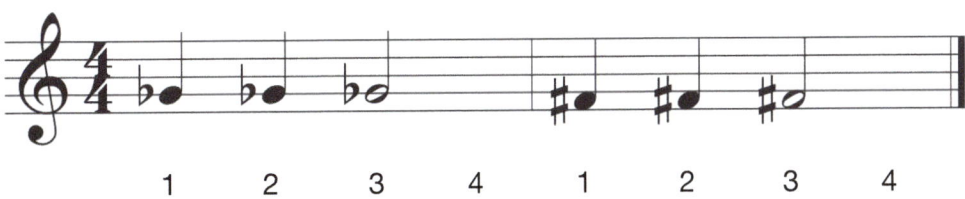

                        1   2   3   4   1   2   3   4

Lección 3ª

El pulsador primero

Para formar esta digitación, se aprieta el pulsador primero. Por apretar el pulsador primero se produce un semitono más bajo que el tono del pulsador segundo solo. Para formar esta digitación se usa **1** con un círculo anaranjado.

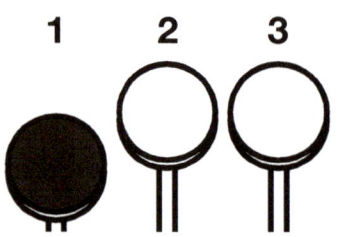  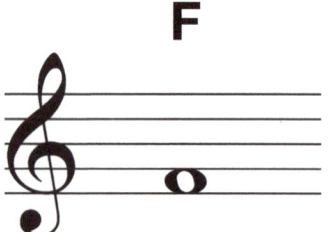

Escuchar y tocar

Escuche los siguientes ejercicios. Use la Digitación en colores para tocar lo que escucha.

7

1	2	3	4

1 ———

1	2	3	4

1 ———

8

1	2	3	4

1 1 1 1

1	2	3	4

1 1 1 1

9

1	2	3	4

1 1 — 𝄽

1	2	3	4

1 1 — 𝄽

Silencio   Silencio

Lección 3ª

El silencio

Los signos de **silencio** indican partes de la música donde no se toca. Abajo se ve un ejemplo de un silencio de negra (*quarter rest*). Cuando se ve un silencio de negra, se cuenta un pulso de silencio, lo que significa que no se toca durante ese pulso.

Leer y tocar

Toque los siguientes ejercicios leyendo la notación musical.

Ejercicios de técnica 1

Cambiar de nota

La Digitación en colores indica cuándo cambiar de notas. Se puede practicar a apretar los pulsadores para cada ejercicio antes de comenzar a tocar.

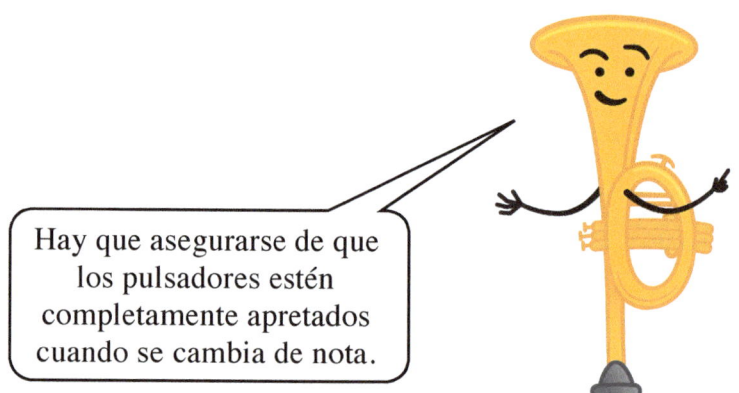

Hay que asegurarse de que los pulsadores estén completamente apretados cuando se cambia de nota.

Escuchar y tocar

Escuche los siguientes ejercicios. Use la Digitación en colores para tocar lo que escucha.

10

1	2	3	4	1	2	3	4
0		2		0		𝄽	𝄽

11

1	2	3	4	1	2	3	4
0	0	1	1	0			

12

1	2	3	4	1	2	3	4
0	2	1		0	2	1	

13

1	2	3	4	1	2	3	4
1		𝄽	2	2	1	2	1

Ejercicios de técnica 1

El becuadro

El **becuadro** (**signo natural**) (♮) cancela los efectos de un signo sostenido (♯) o bemol (♭). Los becuadro, sostenido, y bemol solamente se aplican en el compás en el que aparecen, y el becuadro (♮) solamente se aplica a las notas sostenido y bemol en el compás en el que aparece. Los becuadro sostenido, y bemol se llaman **accidentes**.

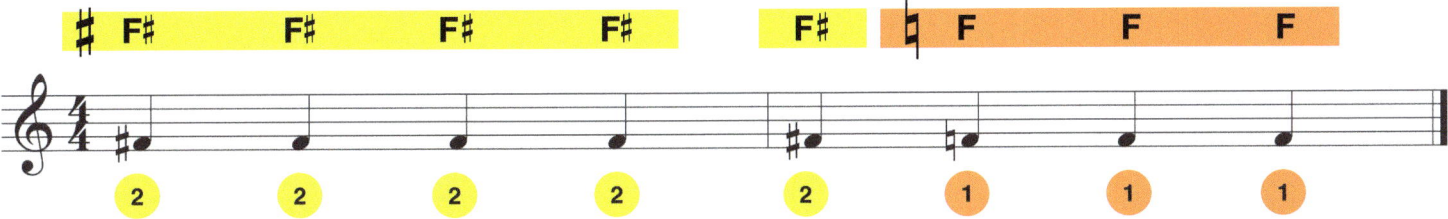

Leer y tocar

Toque los siguientes ejercicios leyendo la notación musical.

Brass in Color

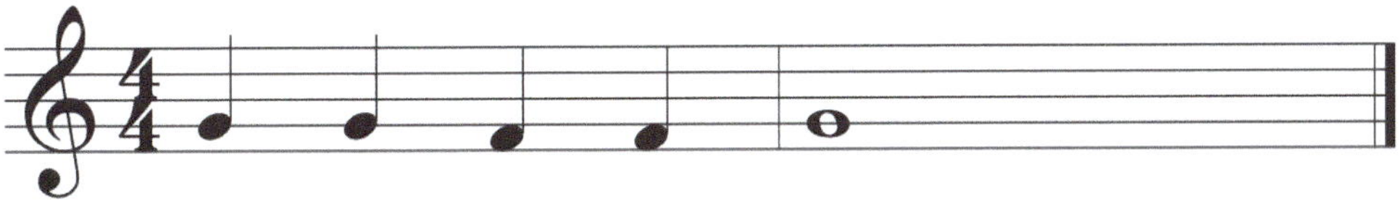

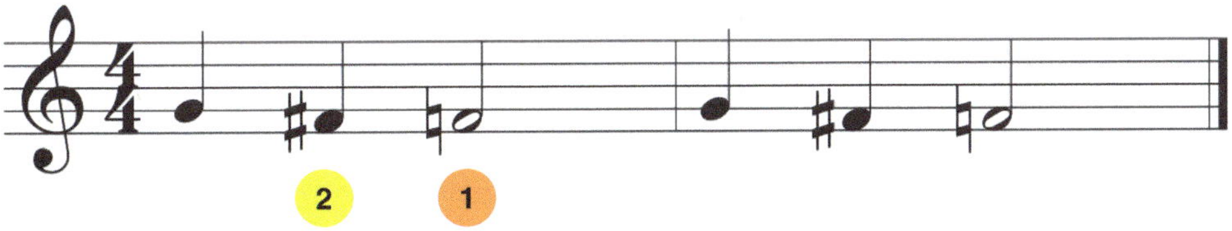

Lección 4ª

Los pulsadores primero y segundo 12

Para formar esta digitación, se aprietan los pulsadores primero y segundo. Por apretar los pulsadores primero y segundo se produce un semitono más bajo que el tono del pulsador primero solo. Para formar esta digitación se usa **12** con un círculo verde.

Escuchar y tocar

Escuche los siguientes ejercicios. Use la Digitación en colores para tocar lo que escucha.

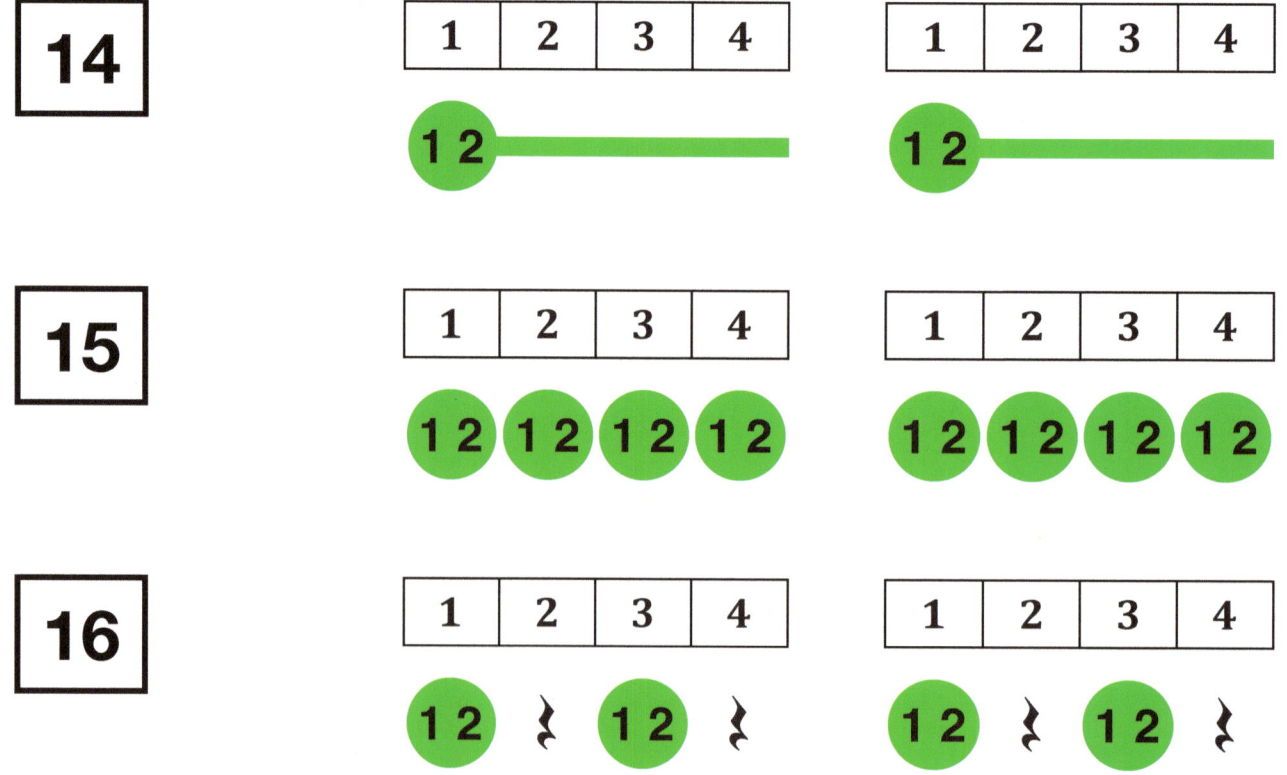

Lección 4ª

El semitono y el tono completo

En la música las notas se separan por un **semitono** (**un medio paso**) o por un **tono completo** (**un paso completo**). El semitono indica un medio paso entre tonos, lo cual es la distancia más pequeña entre las notas. Contar 2 semitonos desde una nota es 1 tono completo.

2 semitonos = 1 tono completo

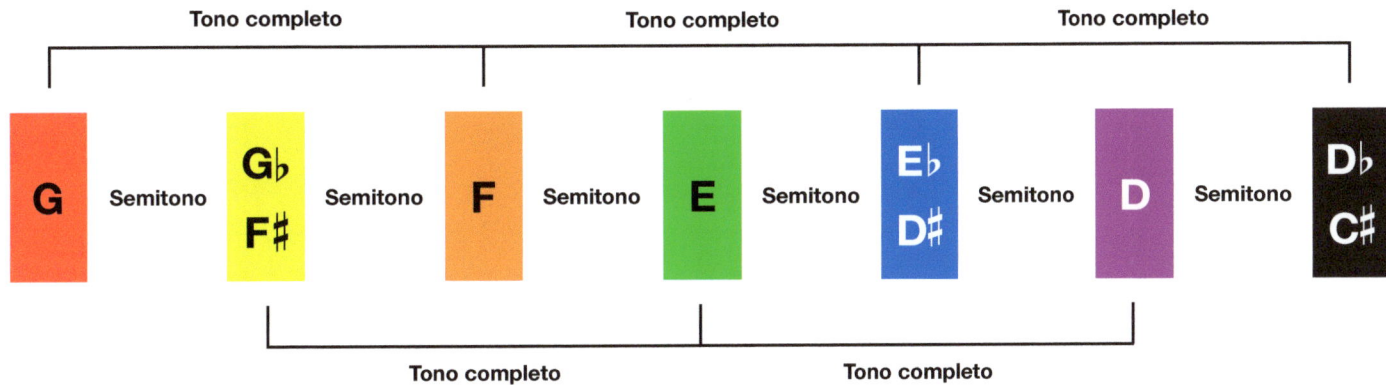

Leer y tocar

Toque los siguientes ejercicios leyendo la notación musical.

Brass in Color

Ejercicios de técnica 2

Escuchar y tocar

Escuche los siguientes ejercicios. Use la Digitación en colores para tocar lo que escucha.

17

1	2	3	4
0	0	1	1

1	2	3	4
1 2		₹	₹

18

1	2	3	4
1 2		1	1

1	2	3	4
0			

19

1	2	3	4
0	2	0	1

1	2	3	4
0			

20

1	2	3	4
0	2	1	1 2

1	2	3	4
1	2	0	

21

1	2	3	4
1 2	2	0	2

1	2	3	4
1 2			

Brass in Color

Ejercicios de técnica 2

Leer y tocar

Toque los siguientes ejercicios leyendo la notación musical.

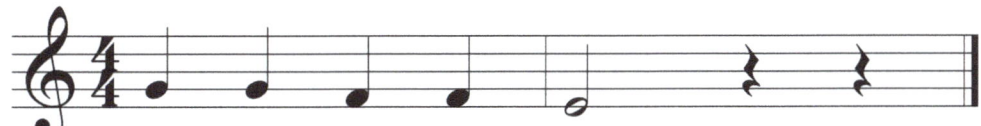

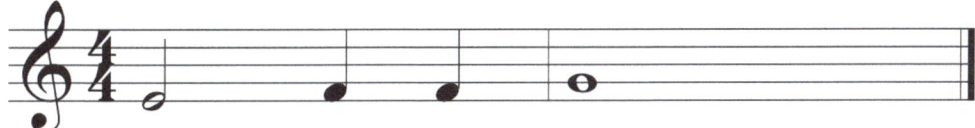

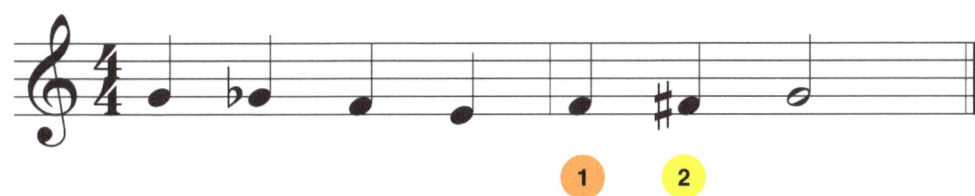

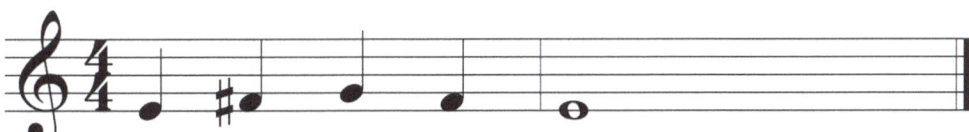

Grupo 1º de canciones

Escuchar y tocar

Escuche los siguientes ejercicios. Use la Digitación en colores para tocar lo que escucha.

22 Notas primeras
(First Notes)

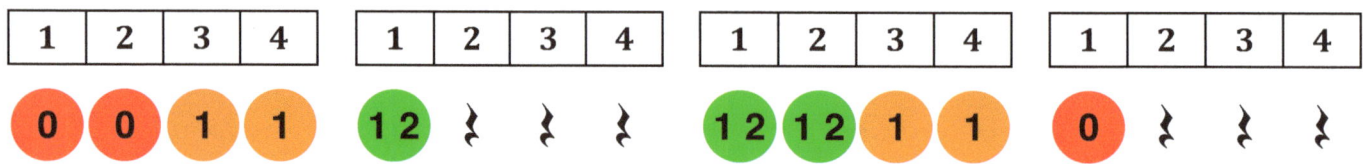

23 Para abajo, para arriba
(Down and Up)

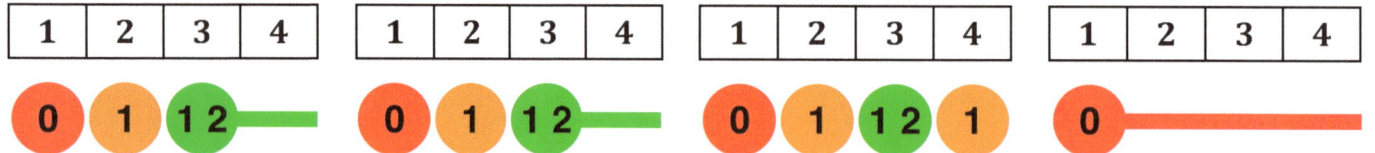

24 Un paso nuevo
(A New Step)

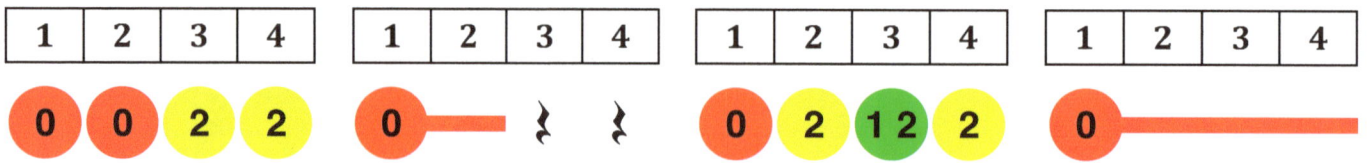

Grupo 1º de canciones

Leer y tocar

Toque los siguientes ejercicios leyendo la notación musical.

22 | Notas primeras
(First Notes)

23 | Para abajo, para arriba
(Down and Up)

24 | Un paso nuevo
(A New Step)

Lección 5ª

Los pulsadores segundo y tercero 23

Para formar esta digitación, se aprietan los pulsadores segundo y tercero. Por apretar los pulsadores segundo y tercero se produce un semitono más bajo que el tono de los pulsadores primero y segundo. Para formar esta digitación se usa **23** con un círculo azul.

Escuchar y tocar

Escuche los siguientes ejercicios. Use la Digitación en colores para tocar lo que escucha.

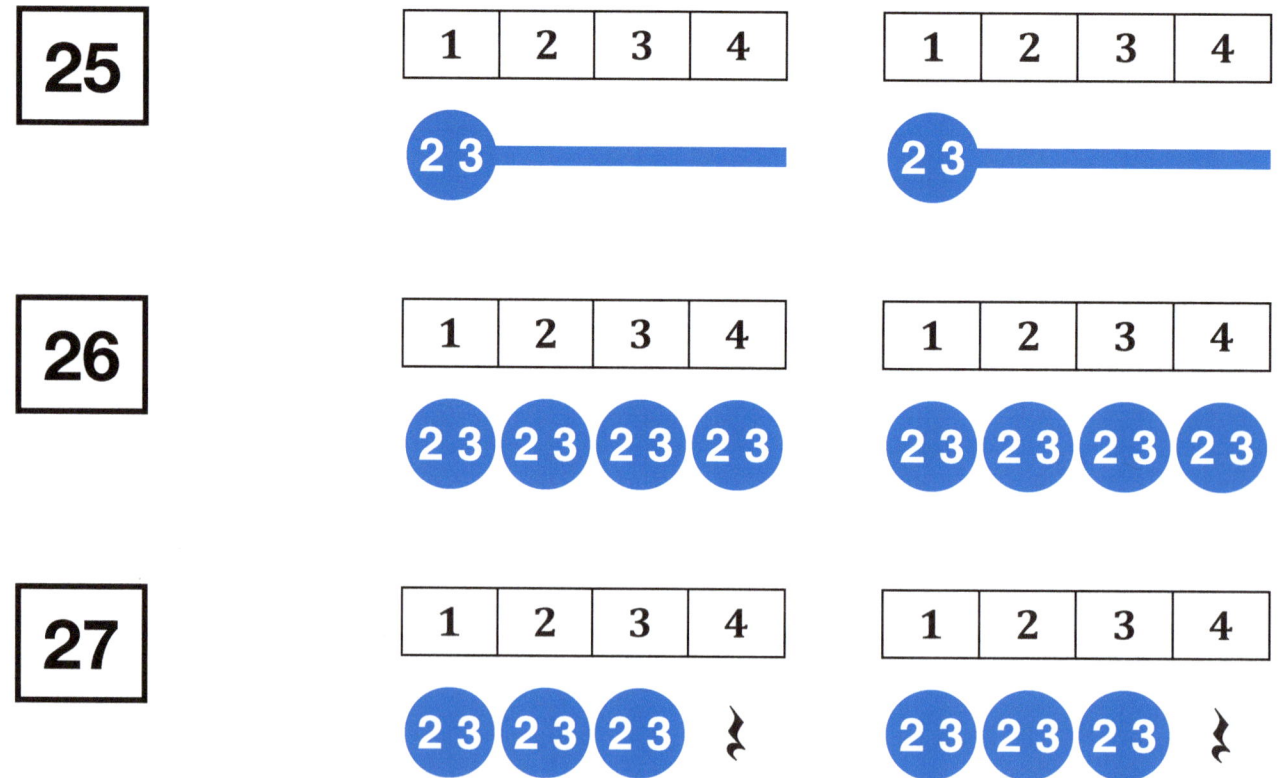

Lección 5ª

¿Se acuerda que en la **Lección 2ª** aprendimos que sol bemol (**G♭**) y fa sostenido (**F♯**) se escuchan igual incluso si se escriben de una manera diferente? El diagrama a la derecha muestra las notas del Rango medio que funcionan de la misma manera.

Mi bemol (**E♭**) y re sostenido (**D♯**) se escuchan igual, pero se escriben de una manera diferente.

Re bemol (**D♭**) y do sostenido (**C♯**) se escuchan igual, pero se escriben de una manera diferente.

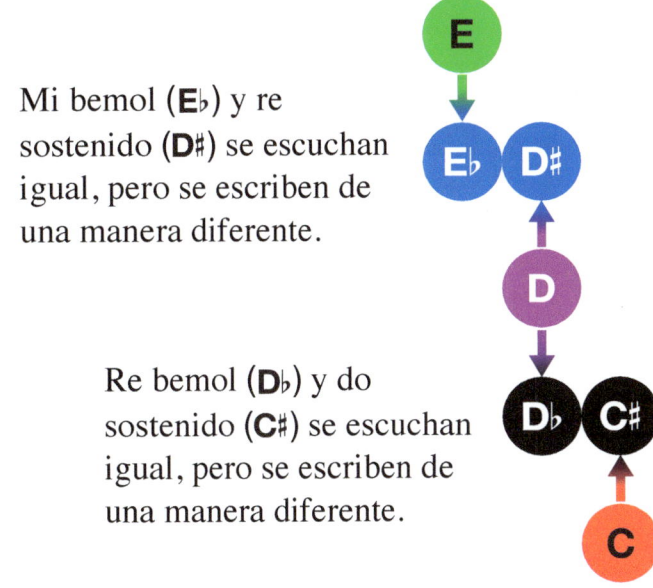

Leer y tocar

Toque los siguientes ejercicios leyendo la notación musical.

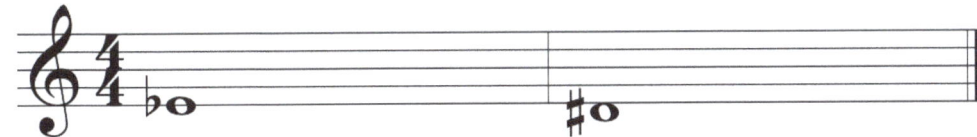

Lección 6ª

Los pulsadores primero y tercero (1 3)

Para formar esta digitación, se aprietan los pulsadores primero y tercero. Por apretar los pulsadores primero y tercero se produce un semitono más bajo que el tono de los pulsadores segundo y tercero. Para formar esta digitación se usa **13** con un círculo morado.

Escuchar y tocar

Escuche los siguientes ejercicios. Use la Digitación en colores para tocar lo que escucha.

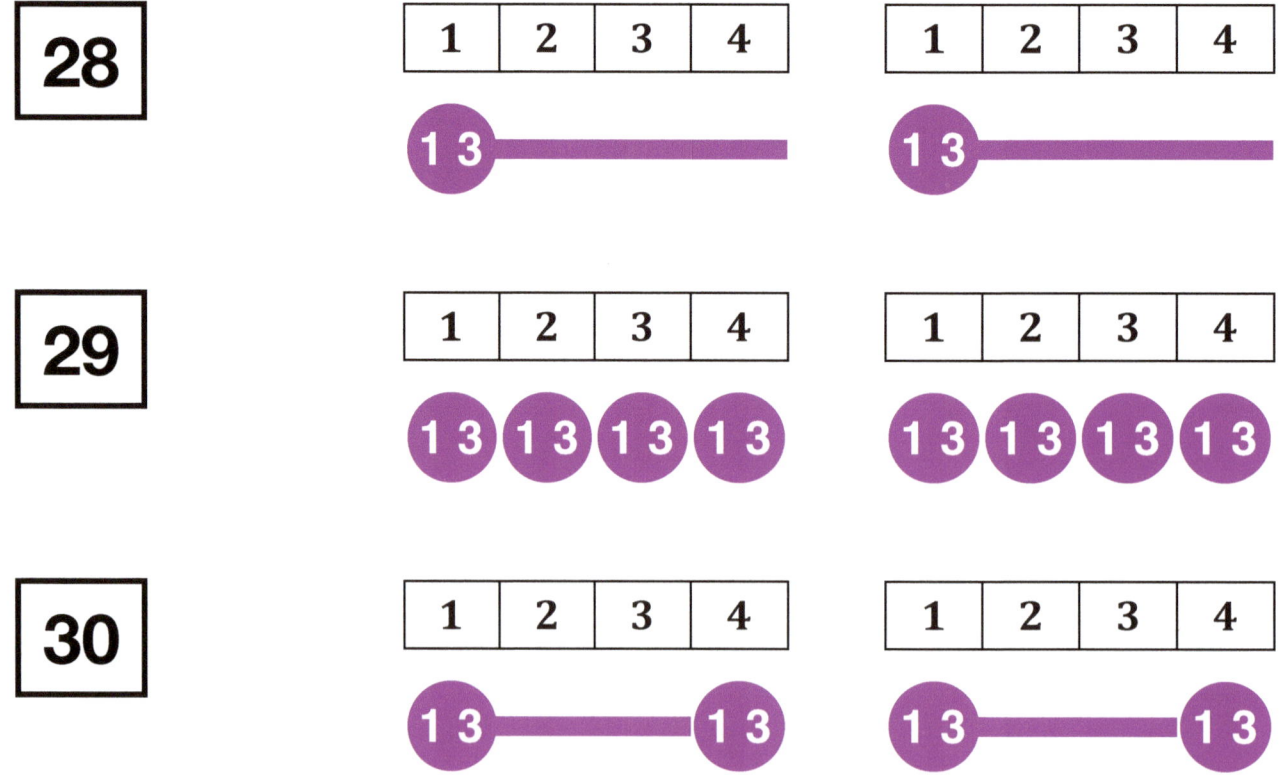

Lección 6ª

La blanca con puntillo

Cuando un puntillo (•) se añade a una nota, le añade la mitad de la extensión original del valor de ritmo de la nota (la negra, la blanca, la redonda). En el diagrama abajo se puede ver una nota blanca que representa 2 pulsos, y cuando se le añade el puntillo (•) a la nota, ya representa 3 pulsos. Esto se llama una **blanca con puntillo** (*dotted half note*).

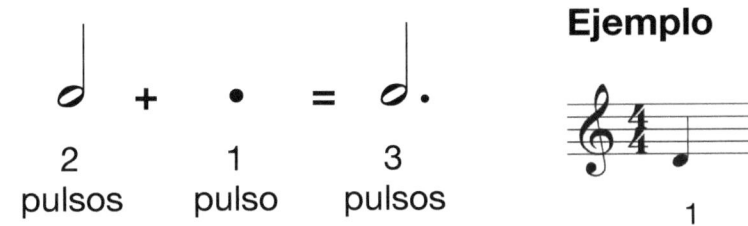

Ejemplo

Leer y tocar

Toque los siguientes ejercicios leyendo la notación musical.

Ejercicios de técnica 3

Escuchar y tocar

Escuche los siguientes ejercicios. Use la Digitación en colores para tocar lo que escucha.

31

1	2	3	4

2 3 — 1   0 — 𝄽 𝄽

32

1	2	3	4

0 1 0 1   2 3 —

33

1	2	3	4

2 1 2 1 3 𝄽   2 1 2 1 3 𝄽

34

1	2	3	4

1 3 — 1 2   2 — 1 3

35

1	2	3	4

1 2 1 3 1 2 1 3   1 2 —

Ejercicios de técnica 3

Leer y tocar

Toque los siguientes ejercicios leyendo la notación musical.

Brass in Color

Lección 7ª

Los pulsadores primero, segundo y tercero 123

Para formar esta digitación, se aprietan todos los tres pulsadores (primero, segundo y tercero). Por apretar todos los pulsadores se produce un semitono más bajo que el tono de los pulsadores primero y tercero. Para formar esta digitación se usa **123** con un círculo negro.

Escuchar y tocar

Escuche los siguientes ejercicios. Use la Digitación en colores para tocar lo que escucha.

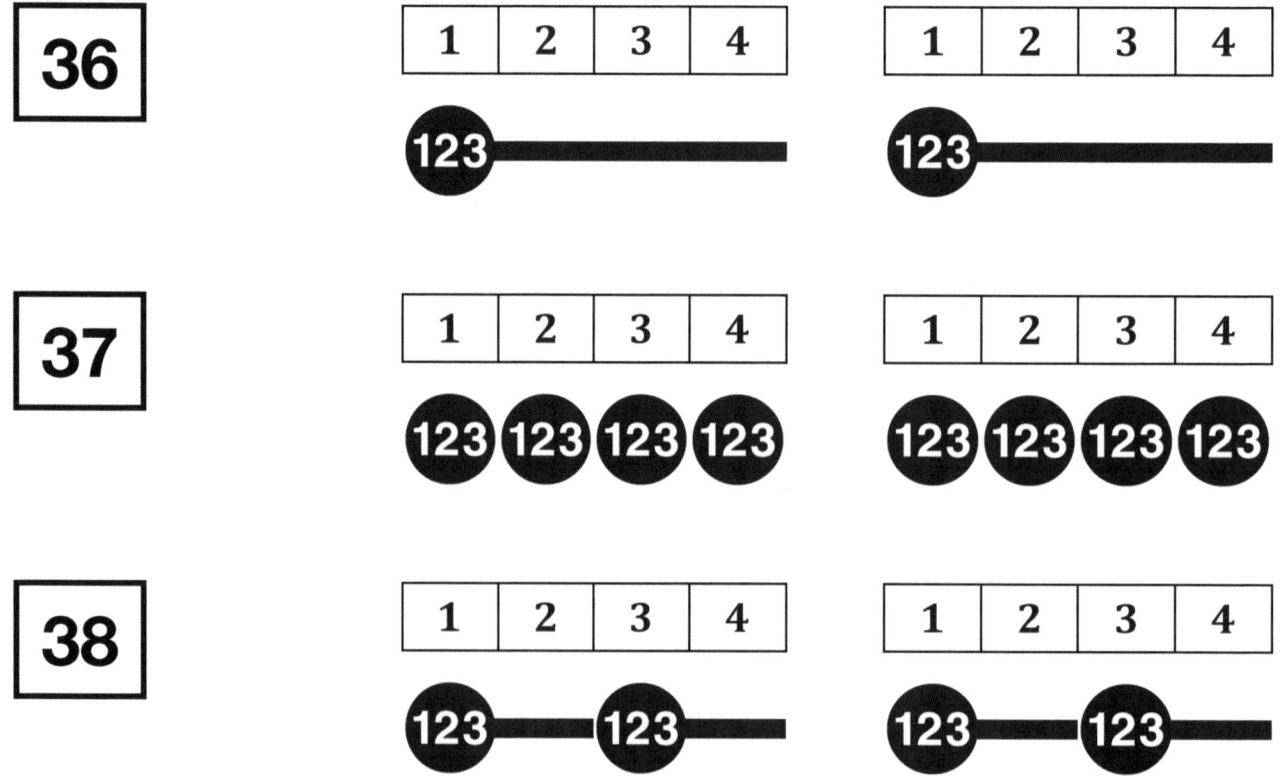

Lección 7ª

Las líneas suplementarias

El pentagrama musical está compuesto de cinco líneas y cuatro espacios. A veces, las notas pueden ser más altas o más bajas de lo que el pentagrama permite, y por eso hay que agregar más líneas por encima o por debajo del pentagrama. Estas líneas se llaman **líneas suplementarias**.

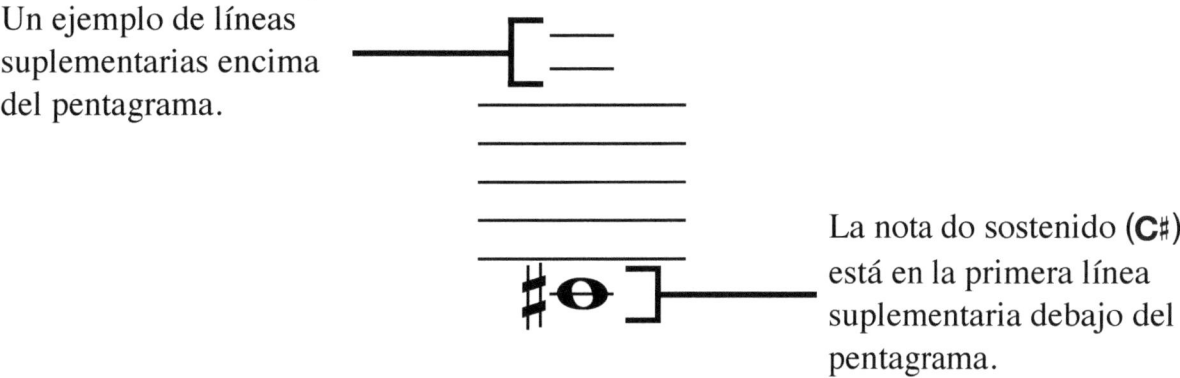

Un ejemplo de líneas suplementarias encima del pentagrama.

La nota do sostenido (**C♯**) está en la primera línea suplementaria debajo del pentagrama.

Leer y tocar

Toque los siguientes ejercicios leyendo la notación musical.

Ejercicios de técnica 4

Escuchar y tocar

Escuche los siguientes ejercicios. Use la Digitación en colores para tocar lo que escucha.

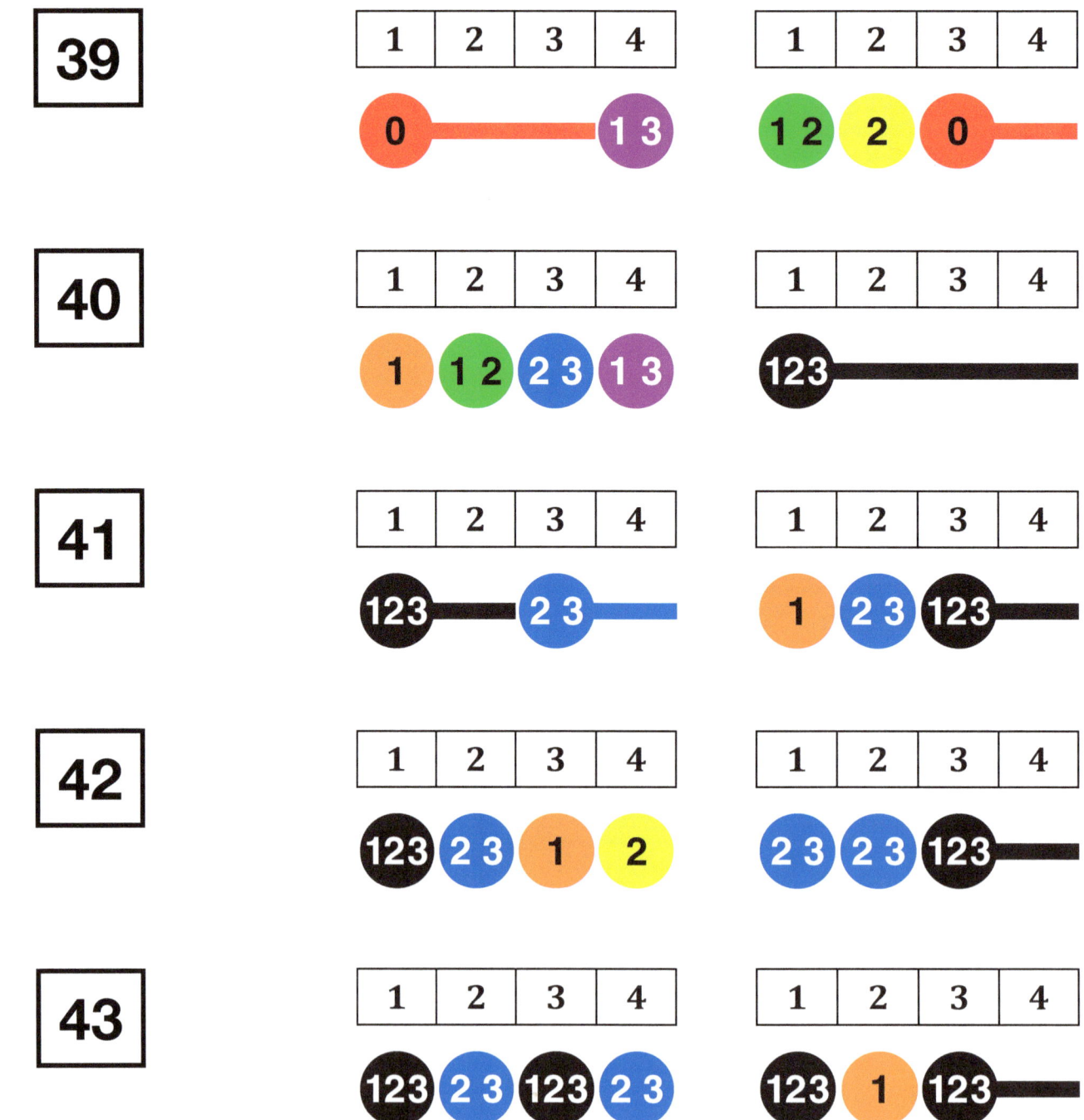

Ejercicios de técnica 4

Leer y tocar

Toque los siguientes ejercicios leyendo la notación musical.

39

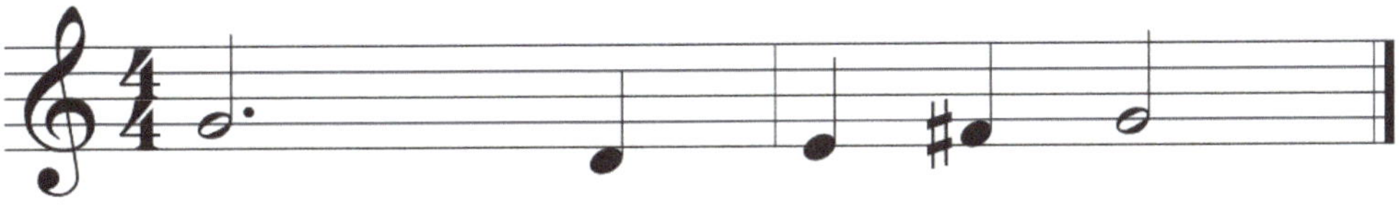

40

41

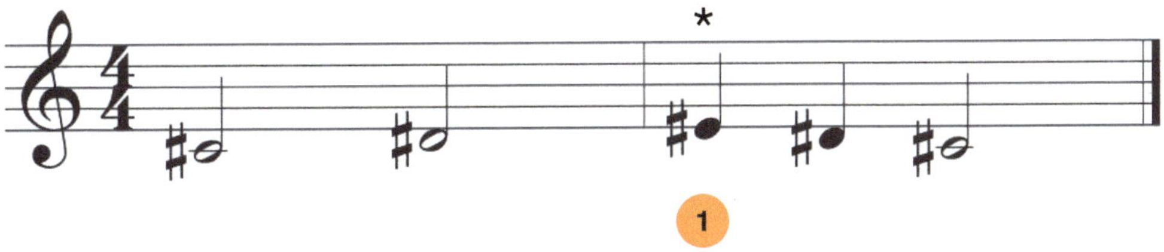

42

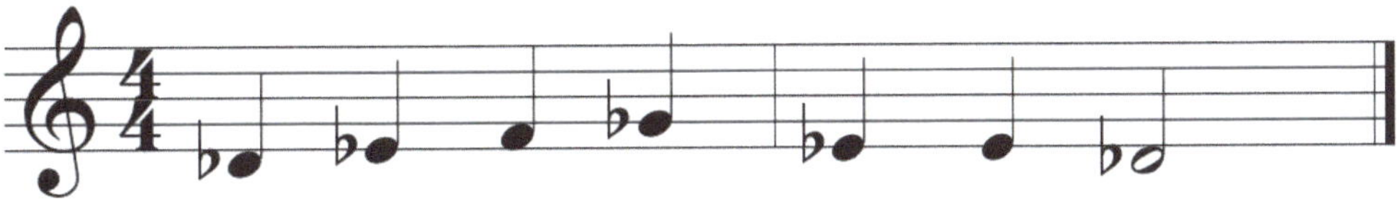

43

* El ejercicio 41 usa la nota mi sostenido (**E♯**). Es otro nombre de la nota fa (**F**).

Grupo 2º de canciones

Escuchar y tocar

Escuche los siguientes ejercicios. Use la Digitación en colores para tocar lo que escucha.

44 **Movimiento menor**
(Minor Movement)

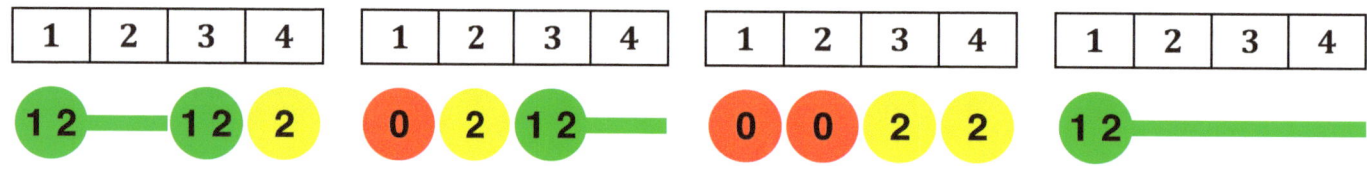

45 **Ta Ta Ta Shh**

46 **Pasos mayores**
(Major Steps)

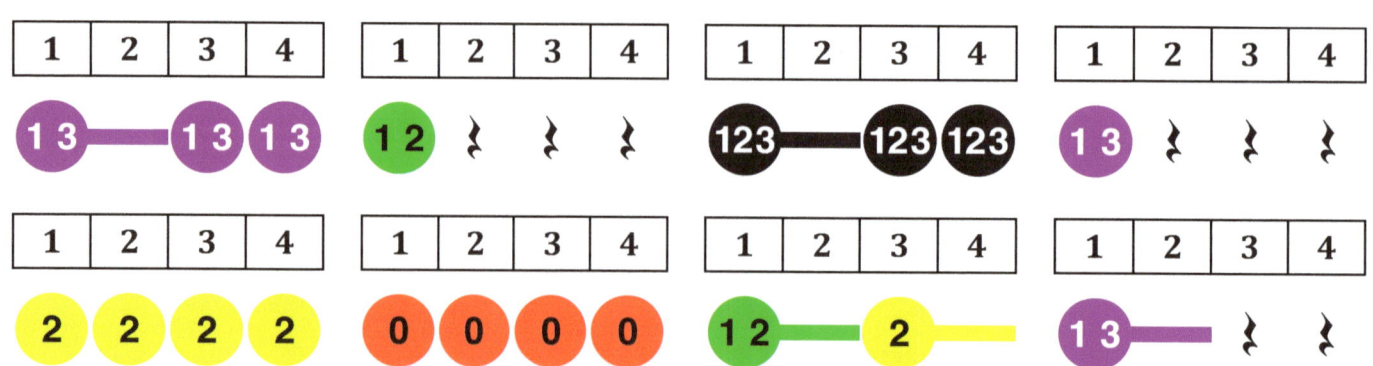

Grupo 2º de canciones

Leer y tocar

Toque los siguientes ejercicios leyendo la notación musical.

44 **Movimiento menor**
(Minor Movement)

45 **Ta Ta Ta Shh**

46 **Pasos mayores**
(Major Steps)

Grupo 3º de canciones

Escuchar y tocar

Escuche los siguientes ejercicios. Use la Digitación en colores para tocar lo que escucha.

47 María tenía una corderita
(Mary Had a Little Lamb)

48 Un paso más
(One Step Away)

Grupo 3º de canciones

Leer y tocar

Toque los siguientes ejercicios leyendo la notación musical.

47 | **María tenía una corderita**
(Mary Had a Little Lamb)

48 | **Un paso más**
(One Step Away)

Ejercicios en do (C) bajo

Escuchar y tocar

Escuche los siguientes ejercicios. Use la Digitación en colores para tocar lo que escucha.

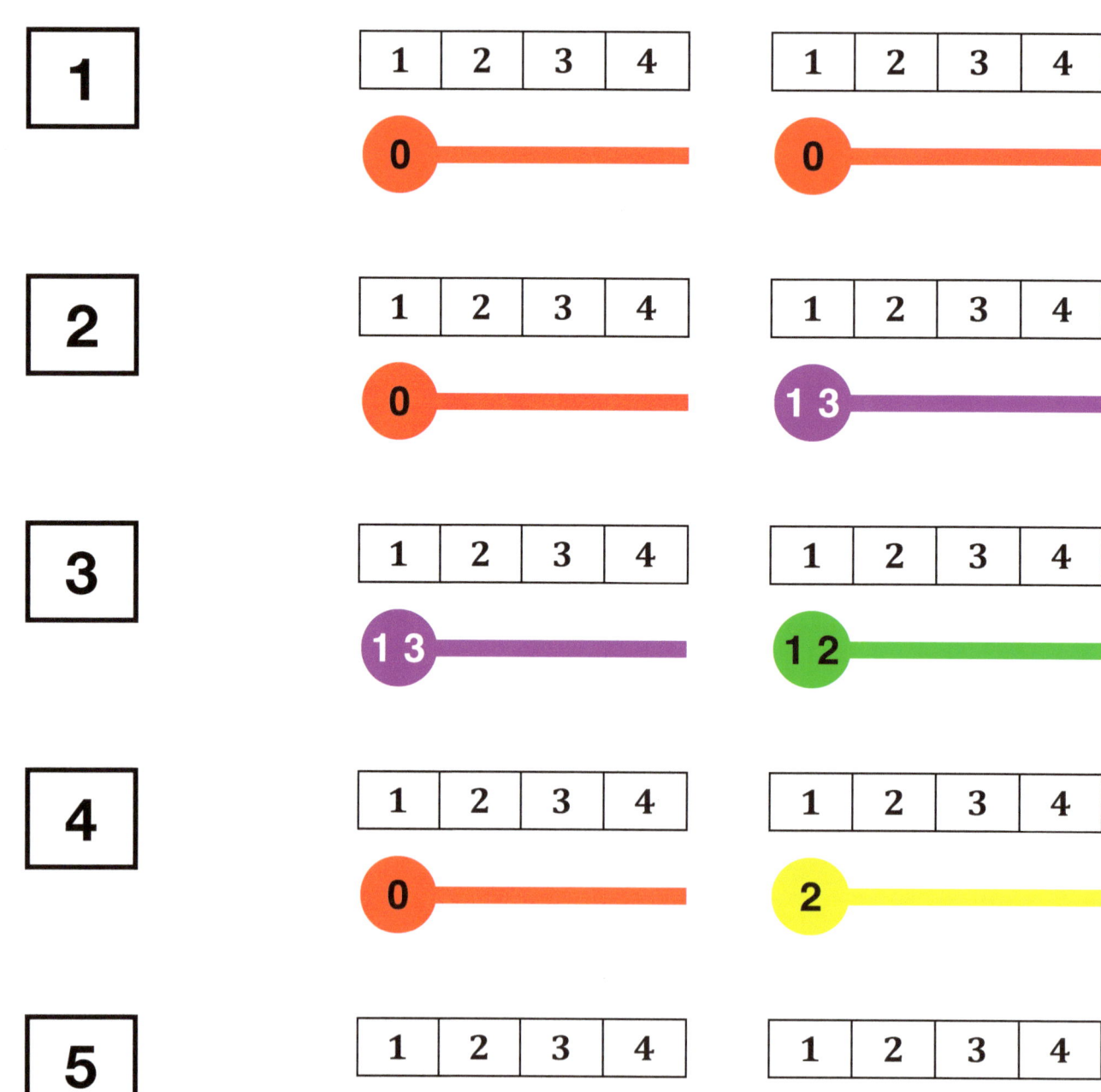

Ejercicios en do (C) bajo

Leer y tocar

Toque los siguientes ejercicios leyendo la notación musical.

1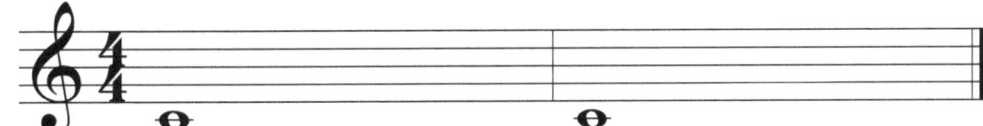

2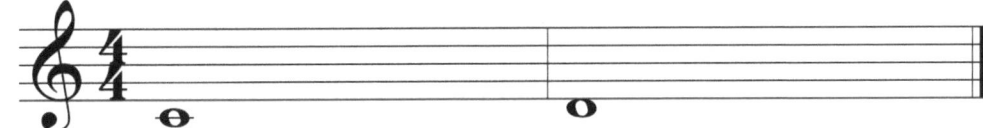

3

4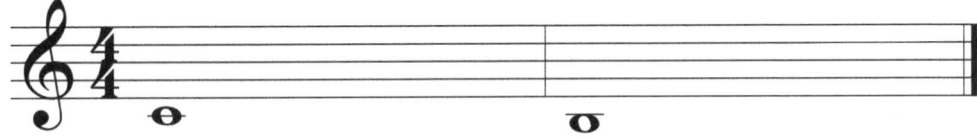

5

Ejercicios en do (C) bajo

Escuchar y tocar

Escuche los siguientes ejercicios. Use la Digitación en colores para tocar lo que escucha.

6

1	2	3	4

0 0 0 0

1	2	3	4

1 2

7

1	2	3	4

2 3

1	2	3	4

1

8

1	2	3	4

1 2 1 2 1 2 1 2

1	2	3	4

2

9

1	2	3	4

1

1	2	3	4

2

10

1	2	3	4

1 2   2

1	2	3	4

0

Brass in Color

Ejercicios en do (C) bajo

Leer y tocar

Toque los siguientes ejercicios leyendo la notación musical.

 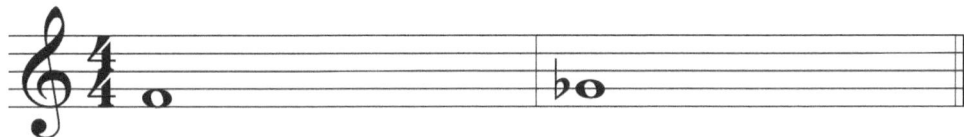

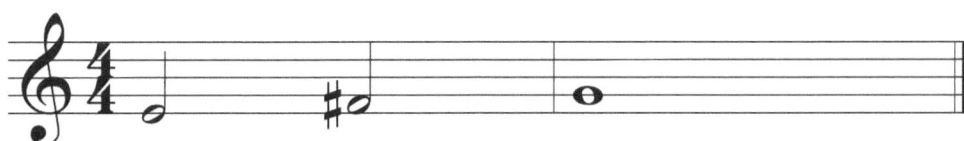

Definiciones y símbolos musicales

El pentagrama

Está compuesto de 5 líneas y 4 espacios. Los símbolos musicales se colocan en o alrededor del pentagrama para indicar el tono, el ritmo, las dinámicas, y otras instrucciones.

La marca de tiempo

Colocada al principio del pentagrama. El número superior indica cuántos pulsos hay en cada compás. El número inferior indica el valor rítmico que se aplica al pulso.

4/4 Cuatro pulsos en un compás. La negra representa un pulso.

2/2 Dos pulsos en un compás. La blanca representa un pulso.

La clave

La clave está colocada al principio del pentagrama para indicar las notas para las líneas y espacios.

 **La clave de sol** (treble) – usada para los instrumentos que tocan las notas más altas, como la trompeta y el corno.

 La clave de fa (bass) – usada para los instrumentos que tocan las notas más bajas, como el trombón, el bombardino, y la tuba.

Las notas de la clave de sol (G)

El tono - lo alto o bajo que se escucha una nota.

La nota - el nombre de un tono particular.
Por ejemplo: sol (**G**), fa sostenido (**F♯**), mi (**E**).

El pulso - el marco consistente rítmico en la música.

El tempo - la velocidad del pulso (rápido o lento).

Las dinámicas

Las dinámicas indican si se debe tocar fuerte o suavemente.

ff **Fortissimo** - muy fuerte
f **Forte** - fuerte
mf **Mezzo Forte** - medio fuerte
mp **Mezzo Piano** - medio suave
p **Piano** - suave
pp **Pianissimo** - muy suave

Los accidentes

♭ **Bemol** - baja la nota un semitono.
♯ **Sostenido** - sube la nota un semitono.
♮ **Becuadro** (**signo natural**) - cancela los efectos de un bemol o un sostenido.

Los ritmos

♪	La corchea	= 1/2 pulso
♩	La negra	= 1 pulso
♩.	La negra con puntillo	= 1 1/2 pulsos
♩	La blanca	= 2 pulsos
♩.	La blanca con puntillo	= 3 pulsos
o	La redonda	= 4 pulsos

Tabla de digitación

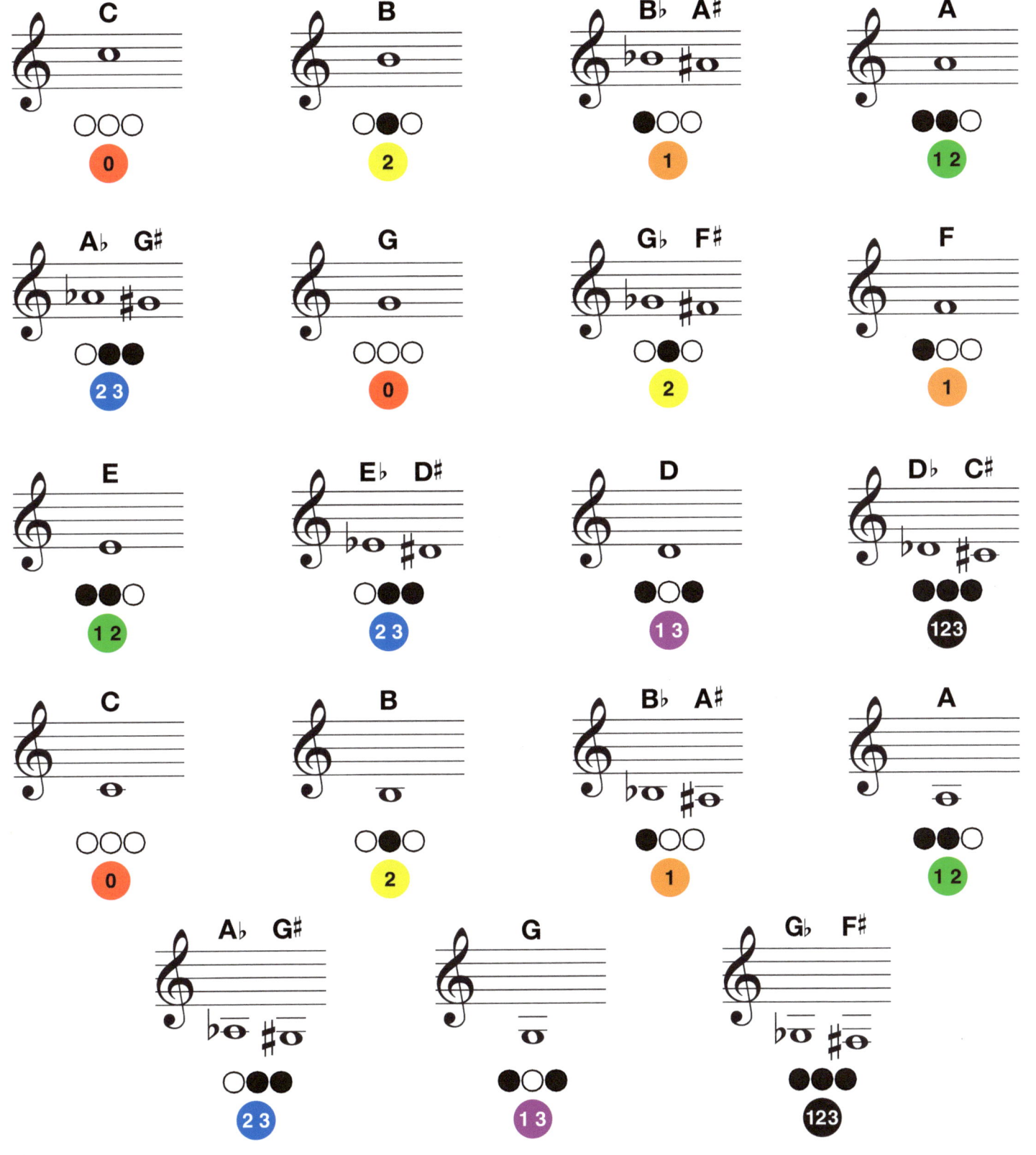

Libros

El **Libro primero de trompeta** introduce las notas del Rango medio. El estudiante aprende las fundaciones de tocar la trompeta y se familiariza en los conceptos introductorios musicales.

El **Libro segundo de trompeta** introduce las notas del Rango bajo. El estudiante aprende sobre la ligadura, la corchea, y las escalas.

El **Libro tercero de trompeta** introduce las notas del Rango alto. El estudiante aprende sobre el tiempo 3/4, la negra con puntillo, la escala menor armónica, y los etudes.

www.ingramcontent.com/pod-product-compliance
Lightning Source LLC
Chambersburg PA
CBHW041117070526
44584CB00002B/197